BEI GRIN MACHT SICH IHR WISSEN BEZAHLT

- Wir veröffentlichen Ihre Hausarbeit, Bachelor- und Masterarbeit

- Ihr eigenes eBook und Buch - weltweit in allen wichtigen Shops

- Verdienen Sie an jedem Verkauf

Jetzt bei www.GRIN.com hochladen und kostenlos publizieren

Bibliografische Information der Deutschen Nationalbibliothek:

Die Deutsche Bibliothek verzeichnet diese Publikation in der Deutschen Nationalbibliografie; detaillierte bibliografische Daten sind im Internet über http://dnb.d-nb.de/ abrufbar.

Dieses Werk sowie alle darin enthaltenen einzelnen Beiträge und Abbildungen sind urheberrechtlich geschützt. Jede Verwertung, die nicht ausdrücklich vom Urheberrechtsschutz zugelassen ist, bedarf der vorherigen Zustimmung des Verlages. Das gilt insbesondere für Vervielfältigungen, Bearbeitungen, Übersetzungen, Mikroverfilmungen, Auswertungen durch Datenbanken und für die Einspeicherung und Verarbeitung in elektronische Systeme. Alle Rechte, auch die des auszugsweisen Nachdrucks, der fotomechanischen Wiedergabe (einschließlich Mikrokopie) sowie der Auswertung durch Datenbanken oder ähnliche Einrichtungen, vorbehalten.

Impressum:

Copyright © 2015 GRIN Verlag, Open Publishing GmbH
Druck und Bindung: Books on Demand GmbH, Norderstedt Germany
ISBN: 9783668229389

Dieses Buch bei GRIN:

http://www.grin.com/de/e-book/322965/praktikumsbericht-fuer-eine-kindertagesstaette-mit-grundschulhort-institution

Martha Baum

Praktikumsbericht für eine Kindertagesstätte mit Grundschulhort. Institution, Konzept und individuelle Beobachtungen

GRIN Verlag

GRIN - Your knowledge has value

Der GRIN Verlag publiziert seit 1998 wissenschaftliche Arbeiten von Studenten, Hochschullehrern und anderen Akademikern als eBook und gedrucktes Buch. Die Verlagswebsite www.grin.com ist die ideale Plattform zur Veröffentlichung von Hausarbeiten, Abschlussarbeiten, wissenschaftlichen Aufsätzen, Dissertationen und Fachbüchern.

Besuchen Sie uns im Internet:

http://www.grin.com/

http://www.facebook.com/grincom

http://www.twitter.com/grin_com

Inhalt: Seite

1. Institutionsdarstellung

1.1 Hort x 2
1.2 Personal / Dienstzeiten 2
1.3 Räumlichkeiten 2/3
1.4 Spezifische Ausprägung des Hortes x 3
1.5 Prägnante konzeptionelle Zielrichtungen 4/5

2. Was habe ich konkret erlebt, beobachtet und was ist mir aufgefallen

2.1 Im Tagesablauf / Alltag mit den Kindern 5/6/7
2.2 Im Tagesablauf / Alltag mit den pädagogischen Kräften 7/8

3. Idividuelle Fragestellung

3.1. Was konnte ich erforschen bezüglich meiner individuellen Fragestellung

„*Wie gestaltet sich die pädagogische Arbeit in Bezug auf Partizipation und welchen Stellenwert nimmt sie ein?*
Welche Rolle übernehmen die Fachkräfte und die Kinder?" 8/9/10

4. Welche Erkenntnisse ziehe ich daraus für meine konkrete Praxis und für meine Rolle als Erzieherin

4.1 Partizipation ist ein Thema für jede Generation 10/11
4.2 Fazit 11

1. Institutionsdarstellung

1.1 Hort x

Die Kindertagesstätte x ist eine Einrichtung der Stadt x und liegt im Stadtteil x. Dieser Teil zählt zu keinem sozialen Brennpunkt. An die Kita, die aus einem Kindergarten und einem Mini-Bereich besteht, gliedert sich der Grundschulhort an. Er bietet bis zu 20 Plätze an und nimmt Kinder im Alter von 6 bis 10 Jahren auf.

Während der Schulzeit ist der Hort montags bis freitags von 12:00 Uhr bis 16:30 Uhr geöffnet und in den Ferien montags bis freitags von 7:00 Uhr bis 17:00 Uhr.

1.2 Personal / Dienstzeiten

Leitung: x (gesamter Kita-Bereich)

Team: x, Erzieherin in Teilzeit
x Kinderpflegerin in Teilzeit
x Auszubildende zur Erzieherin in Teilzeit

Frühdienst	Mitteldienst	Spätdienst
11:30-15:45 Uhr	12:00-16:00 Uhr	12:30-16:30 Uhr

Die Dienstzeiten wechseln wochenweise unterhalb der Mitarbeiterinnen. Jeden Dienstag findet von 16:00 Uhr bis 18.00 Uhr eine Dienstbesprechung statt und mittwochs jeweils von 10:30 bis 12:00 eine wöchentliche Vorbereitungszeit.

1.3 Räumlichkeiten

Die Abbildungen der Räumlichkeiten wurden für eine Veröffentlichung aus Datenschutzgründen entfernt.

Die Abbildungen der Räumlichkeiten wurden für eine Veröffentlichung aus Datenschutzgründen entfernt.

1.4. Spezifische Ausprägung des Hortes x

Dem Kind soll ein Rückzugsraum nach der Schule für Entspannung und Selbstverwirklichung geboten werden. Der Aufenthalt soll den Kindern Spaß machen und schon gar nicht mit Zwängen behaftet sein. Neben einem festen Rahmen, wie das gemeinsame Mittagsessen und die anschließende Hausaufgabenbetreuung, soll das Kind selbst über die anschließende Zeit im Hort entscheiden. Die Bildungsprozesse im Hort werden somit von und mit den Kindern gestaltet und von den Mitarbeitern begleitet.

Im Mittelpunkt der pädagogischen Arbeit soll das Kind in seiner Ganzheitlichkeit stehen. Es soll sich zu einem selbstständigen, eigenverantwortlichen und selbstbewussten Menschen entwickeln. Der Hort x möchte die Kinder in dem Prozess unterstützen und ihnen damit ein Hineinwachsen in eine vielfältige und soziale Umwelt ermöglichen.

1.5 Prägnante konzeptionelle Zielrichtungen

- *Partizipation:*

Das Ziel der pädagogischen Arbeit besteht darin, die Heranwachsenden in betreffenden Entscheidungsprozessen mit einzubeziehen. Wichtig sind dem Hort an dieser Stelle eine demokratische Erziehung im alltäglichen Umgang und ein Aushandlungsprozess auf Augenhöhe. Das Hortleben bietet vielfältige Möglichkeiten zur Mitbestimmung und Mitgestaltung für die Kinder.

Eine wöchentliche Hortbesprechung bietet hierzu Gelegenheit. Hier werden Themen besprochen, die die Kinder mit einbringen können oder alltägliche Dinge, die die Kinder beschäftigen. Wenn besondere Aktivitäten oder Anlässe bestehen, fließen diese ebenfalls mit ein.

- *Elternarbeit*

Ein unverzichtbarer Bestandteil der pädagogischen Hortarbeit im x ist die Kooperation mit den Eltern. Diese bilden, zusammen mit den pädagogischen Fachkräften, eine Erziehungspartnerschaft. Die Arbeit wird als unterstützend und familienergänzend angesehen. Wichtig ist dabei eine positive Form der Kommunikation und gegenseitige Offenheit. Hier findet der Hort entsprechende Unterstützung durch den Elternbeirat. Dieser hat den Auftrag, die Erziehungspartnerschaft zu unterstützen und die Zusammenarbeit zwischen der Horteinrichtung und den Eltern zu fördern.

- *Hausaufgabenbetreuung*

Von Montag bis Freitag findet ab 13:00 Uhr eine Hausaufgabenbetreuung mit einer festen Honorarkraft statt. Der Betreuungszeitraum richtet sich nach den Bedürfnissen der einzelnen Kinder. Diese gehen nach dem Mittagessen in einen Hausaufgabenraum und haben dort die Möglichkeit, ihre schriftlichen Hausaufgaben in Begleitung zu erledigen. Die Hausaufgabenbetreuung kann somit individuell gestaltet werden und gezielt fördern. Der monatliche Beitrag der Honorarkraft wird von den Eltern entrichtet.

- *Beobachtung und Dokumentation*

Beobachtung und anschließende Dokumentation bilden die Grundlage der pädagogischen Arbeit mit den Kindern im Hort. Es werden die individuellen Bedürfnisse jedes einzelnen Kindes erkannt. Im Mittelpunkt steht dabei, seine individuelle Entwicklung wahrzunehmen, sowie Ressourcen zu erkennen. Die Ergebnisse bilden die Grundlage für Elterngespräche, sowie für die Reflexion und den Austausch im Team.

- *Offene Hortarbeit und Themenzimmer*

In dem Hort x findet eine offene Hortarbeit statt. Die Kinder können sich ihre Zeit im Hort nach ihren Interessen, Fähigkeiten und Bedürfnissen selbstständig organisieren und gestalten. Um die Orientierung im Hortalltag gewährleisten zu können, gibt es eine Anstecktafel im Flurbereich. An dieser wird ersichtlich, an welchem Ort in der Einrichtung sich die Kinder und Erzieher gerade befinden.

Zudem gibt es verschiedene Themenzimmer: Den Afrikaraum, das Atelier, die Turnhalle, den Werkraum, den Hausaufgabenraum und das Außengelände mit Spielplatz. Diese sind für alle Kinder offen. Sie dienen der Entfaltung individueller Bedürfnisse, als Raum zur Bildung von sozialen Kontakten und bieten zugleich Rückzugsmöglichkeiten. Die Themenzimmer gestalten sich nach den Wünschen und Interessen der Kinder. Die Spiel- und Arbeitsmaterialien in den verschiedenen Räumen sind für alle Kinder frei zugänglich, sofern sie altersgerecht eingesetzt und somit ihrem Entwicklungsstand gerecht werden.

2. Was habe ich konkret erlebt, beobachtet und was ist mir aufgefallen

2.1 Im Tagesablauf /Alltag mit den Kindern

Der Tag im Hort beginnt mit einem gemeinsamen Mittagessen. Da die Kinder aufgrund der unterschiedlichen Stundenpläne zeitversetzt im Hort ankommen, wird die Mahlzeit nacheinander, in drei Durchgängen, eingenommen. Der Mittagstisch wird von den Kindern gedeckt. Hierzu gibt es einen festen Plan, der immer wieder rotiert. Jedes Kind bringt nach Beendigung der Mahlzeit sein Gedeck selber in die Spüle und begibt sich in den Hausaufgabenraum, wenn es solche zu erledigen gibt. Da nur bis zu 5 Kindern in dem Hausaufgabenraum Platz finden, kann es zu Verzögerungen kommen. Die Kinder nutzen diese Zeit, um ihren eigenen Interessen nachzugehen.

Die Hausaufgabenbetreuung findet durch eine feste Honorarkraft statt, die sich individuell um die Bedürfnisse der einzelnen Kinder kümmert.

Nach der Hausaufgabenzeit hat jedes Kind Zeit und Raum sich selber zu verwirklichen. Entweder nutzt es diese zur Entspannung im Afrikaraum um Musik zu hören, oder es sucht den Kontakt mit den anderen Kindern um zu spielen. Wer mag, kann im Atelier auch basteln oder malen. In der Turnhalle können Buden gebaut oder mit dem Ball gespielt werden. Außerhalb des Gebäudes gibt es einen Bereich, der mit dem Kindergarten zusammen genutzt werden darf. An der auf S. 5 bereits erwähnten Anstecktafel im Hausflur des Hortes, lässt sich der Aufenthaltsort der Kinder erkennen. Jedes Kind steckt eigenständig sein Foto an die entsprechende Stelle der Tafel. Die Kinder werden Ende des Tages von ihren Eltern abgeholt, oder dürfen nach deren telefonischer Ankündigung auch allein nach Hause gehen.

Als ich den ersten Tag im Hort eintraf, war dort noch kein Kind anwesend. Somit hatte ich etwas Zeit, mir die Örtlichkeiten anzuschauen und mich ein bisschen mit den Kolleginnen auszutauschen. Nach und nach traf die erste Hortgruppe ein und es wurde das gemeinsame Mittagessen eingenommen. Ich wurde freundlich von den Kindern begrüßt und habe mich mit an den Tisch gesetzt. Damit begann meine Beobachtungszeit. Vorrangig interessierten mich Themen wie: Wie gestaltet sich der Hortalltag? - Gibt es Differenzen zwischen den Kindern hinsichtlich des Altersunterschiedes? - Wie verhalten sich die Hortkinder mir gegenüber? Letztendlich galt mein Interesse natürlich auch meiner schulischen Fragestellung: Wie erleben die Kinder in diesem Hort Partizipation? Haben sie auch die Möglichkeit diese auszuleben?

In der ersten Woche meines Praktikums verhielten sich einige Hortkinder mir gegenüber etwas zurückhaltend, eher introvertiert. Andere wiederum stellten sich ab dem ersten Tag sofort in den Mittelpunkt und forderten mich zum Spiel auf. Damit auch mit den ruhigeren Kindern im Kontakt möglich war, versuchte ich mit ihnen ins Gespräch zu kommen, oder sie in das Spiel mit einzubeziehen. Damit gelang es mir, dass sich die anfängliche Zurückhaltung legte. Die Kinder fassten recht schnell Vertrauen, obwohl ich erst eine Woche im Hort war. Sie wurden teilweise sogar sehr anhänglich.

Ich beobachtete zudem, dass die Kinder nach den Hausaufgaben kein großes Interesse an angeleiteten Angeboten entwickelten, sich sogar eher zurückzogen. Es entstand bei mir der Eindruck, dass die Kinder lieber Räume vorfinden möchten, in denen sie ihren Interessen nachgehen können, mit Freunden zusammen sein, Kreativität und Phantasie leben und ihren Bewegungsdrang nachkommen können. Sie genossen es, ihr Spiel selber auszusuchen und frei zu gestalten. So wurden Spiele erfunden wie: Kissentreten, Zirkus etc. Die Kinder bezogen mich immer wieder in ihr Spiel mit ein, wollten aber den Spielablauf und das Spiel selber bestimmen. Konfliktsituationen aufgrund der Altersstruktur gab es nicht. Die Kleinen durften ebenso beim Spiel der Großen mitmachen, wie umgekehrt.

Viele nutzten die Zeit, sich mit Freunden im Hort auszutauschen. Einige erzählten mir, dass ihnen oft die Zeit nachmittags fehle, sich zu verabreden. Zuhause würden viele Verpflichtungen auf sie warten wie z.b. Ballett, Reiten oder Fußball. Ich merkte diesen Kindern oft an, dass sie dieses Überangebot an Freizeitaktivitäten eher als stressig und einengend empfanden. Einige Kinder verbalisierten dieses Thema sogar.

2.2 Im Tagesablauf / Alltag mit den pädagogischen Kräften

Als ich am ersten Tag in meine Praktikumsstelle kam, wurde ich sehr freundlich von meinen zwei Kolleginnen begrüßt. Als kleinen Willkommensgruß hatten sie mir eine Blume und einige Süßigkeiten hingestellt.
Wir begannen den Tag mit einem netten Gespräch, indem die jeweiligen Wünsche und Fragen beiderseits geklärt wurden. Ich verdeutlichte, dass ich mich gerne am Hortgeschehen beteiligen würde, aber gleichzeitig in einer beobachtenden Situation befände.

Während meines Praktikums fiel mir immer wieder auf, dass die Mitarbeiterinnen auf mich einen sehr ruhigen Eindruck machten. Sie überließen die Gesprächsführung oft den Kindern, ließen sie bei Tisch erzählen, hörten aufmerksam zu und es herrschte im Allgemeinen ein sehr angenehmer leiser Umgangston. Ich beobachtete einen strukturierten und routinierten Ablauf beim Mittagessen und bei den Hausaufgaben. Gemeinsam erstellte Regeln gab es an den Wänden zu lesen. Auch für den Tischdienst und den Hausaufgabenraum gab es eine Regelung.

An den Nachmittagen wiederholten sich diese Beobachtungen. Die pädagogischen Kräfte verhielten sich vornehmlich zurückhaltend und nahmen eine abwartende Position bei der Nachmittagsgestaltung ein. Ihr ganzes Verhalten war eher als defensiv zu beschreiben. Durch den Freiraum, den sie den Kindern nach der Hausaufgabenzeit gaben, hatten diese Raum und Möglichkeit ihre Nachmittagszeit selber zu gestalten. Wenn die Kolleginnen merkten, dass die Kinder alleine nicht weiter kamen, gaben sie zielgerichtete Impulse und Hilfestellungen.

Neben dem Alltagsgeschehen durfte ich auch an einer Dienstbesprechung teilnehmen. Sie fand in der Hortküche statt. Dort bot sich ein gemütlicher Rahmen mit Essen und Trinken. Die Leitung stellte nacheinander die Themen vor. Der Ablauf ähnelte den Dienstbesprechungen unseres Fachbereiches. Punkt für Punkt wurden die Themen abgehandelt. Jeder konnte seine Meinung dazu beitragen.

Allerdings wurde mir während dieser Besprechung und auch nach einigen Gesprächen mit den Mitarbeiterinnen bewusst, dass ich derzeit in meiner Einrichtung und mit meinem momentanen Ausbildungsstand sehr viel mehr

Kompetenzen zugesprochen bekomme, als es mir wahrscheinlich im Hortbereich möglich wäre. Dieses betrifft vor allem administrative Dinge, (Projektanträge, Urlaubsanträge, Mailkontakte), als auch Projektarbeiten wie z. B. die Stadtteilarbeit. So erfuhr ich, dass solche Arbeitsabläufe, die ich vorher für selbstverständlich gehalten habe, nicht in den Aufgabenbereich einer Auszubildenden oder gar einer Hortmitarbeiterin fielen. Dieses seien Tätigkeiten, die ausschließlich der Leitung zufielen.

3. Was konnte ich bezüglich meiner individuellen Fragestellung erforschen

3.1 *„Wie gestaltet sich die pädagogische Arbeit in Bezug auf Partizipation und welchen Stellenwert nimmt sie ein?*

Welche Rolle übernehmen die Fachkräfte und die Kinder?"

Hortkinder haben das Bedürfnis nach Selbständigkeit und Selbstbestimmung. Sie haben das Recht auf Partizipation und beanspruchen diese auch. Die Frage heißt also nicht, ob Kinder beteiligt werden können, sondern wie die Beteiligungsformen umgesetzt werden müssen. Kinder sollten eine reelle Chance dazu haben.

Auch im Hortbereich gibt es viele Möglichkeiten Partizipation gemeinsam mit den Kindern zu leben. Zunächst gilt, dass Entscheidungsfähigkeit und Entscheidungsmöglichkeit immer im Kontext mit der jeweiligen Kultur, Gesellschaft und Generation betrachtet werden.

Partizipation fängt mit der Haltung der pädagogischen Kräfte an. Was bedeutet, dass eine Veränderung des Bildes vom Kind erfolgen muss. Kinder haben zwar weniger Erfahrungen als Erwachsene, sie verfügen jedoch über spezifische Kompetenzen und haben den Erwachsenen oft einiges voraus.

Im Hortgeschehen habe ich die Mitarbeiterinnen nicht als Leiterin wahrgenommen, sondern eher als Begleiterin der Kinder, die ihre Aktivitäten geschehen lässt. Durch ihre abwartende und zurücknehmende Position im Hortalltag regen sie die Selbstbildungsprozesse der Kinder an. Die Kinder sind selbst Akteure und können sich so zu eigenständigen und selbstbewussten Persönlichkeiten entwickeln. Es herrschte kein unangemessenes Machtverhältnis zwischen Mitarbeiter und Kindern. Ich nahm das Miteinander der beiden Parteien eher als ausgeglichen und respektvoll wahr.

Durch die oft eingenommene Beobachtungsposition war es den Kräften möglich, die Bedürfnisse der Kinder zu bemerken und entsprechend zu reagieren. Sich nicht als „Führung" darzustellen und nicht alles vorzugeben, gehört zu den Grundbausteinen einer gelebten Partizipation und bedeutet für die pädagogischen Kräfte oft eine hohe Herausforderung.

Ich beobachtete, dass die Kolleginnen jederzeit ansprechbar und aufnahmebereit für die Gespräche der Kinder waren. Es wurde jedes Thema ernst genommen und entsprechend reagiert. Damit signalisieren sie den Kindern, dass sie als Person ernst genommen werden. Die Kinder werden selbstsicherer, lernen ihre Wünsche zu verbalisieren und auch zu vertreten. Es ist unabdingbar, dass man als Mensch

Seite 8

an den Gedanken seines Gegenübers interessiert und dabei authentisch ist. Erst dann kann man sich auch mit einer „Persönlichkeit" auseinandersetzen und ihn als gleichwertigen Partner ansehen.

Ein weiterer Punkt, den ich in der Einrichtung entdecken konnte, waren die gemeinsam erarbeiteten Regeln, die auf Plakaten an den Hortwänden vorzufinden waren. Partizipation kann auch über das gemeinsame Entscheiden von Regeln erfolgen.

In der Einrichtung findet jeden Freitag von 14:00 – 14:30 Uhr eine Hortbesprechung statt, die als „Kinderkonferenz" zu verstehen ist. Gemeinsam sitzen alle auf Kissen im Kreis. Mit Hilfe eines „Redeballs" verteilt sich die Sprecherrolle. Jedes Kind erzählt, was es die letzte Woche erlebt hat. Anschließend wird der Ball an die nächste Person weiter gereicht. Nach diesem Einleitritual wird in die Runde gefragt, ob es etwas Besonderes zu besprechen gibt. Somit hat jedes Kind die Möglichkeit, ein Thema mit einzubringen.
An dem Tag, an dem ich anwesend sein durfte, gab es dazu leider keine Wortmeldung. Abschließend wurde ein kleiner Snack gereicht und gemütlich das Wochenende eingeläutet.

Ich empfand die Atmosphäre während dieser Hortbesprechung als offen und freundlich. Jeder, der eine Wortmeldung einbringen wollte, konnte dieses tun.
Bei diesem Beisammensein wurde über das Befinden und die Belange der Kinder gesprochen, aber leider habe ich an dieser Stelle keine Partizipation im eigentlichen Sinne erleben dürfen. Es wurde kein Themenrahmen geboten, an dem sich die Kinder entsprechend beteiligen durften.

Da ich aufgrund der kurzen Projektdauer nur an dieser einen „Kinderkonferenz" teilnehmen konnte, weiß ich leider nicht, wie sich der Sachverhalt in den anderen

Hortbesprechungen gestaltet. Auf Nachfragen erhielt ich allerdings die Information, dass die Kinder oft an Entscheidungen teilhaben und diese gemeinsam in den Hortbesprechungen diskutiert werden. Es wurden Beispiele genannt wie: Aktionen und Gestaltungsangebote in der Freizeit, Wünsche bezüglich des Mittagessens.

Ich fand den Zeitpunkt der Hortbesprechung als unglücklich gewählt. Es war leider nicht allen Kindern möglich daran teilzunehmen, weil ein Teil von ihren Eltern zu dieser Zeit schon abgeholt wurde.
Zudem empfand ich etliche Kinder als unaufmerksam. Dass nahende Wochenende stand bevor und verringerte die Ausdauer der Kinder, die sich sichtlich darauf freuten.

Doch im Großen und Ganzen habe ich schon erlebt, dass Partizipation in dieser Einrichtung gelebt wird. Es gab einige Eckpunkte, an denen ich eine Beteiligung der Kinder festmachen konnte. Gerade die Haltung der pädagogischen Kräfte empfand ich als wertschätzend und respektvoll den Kindern gegenüber. Sich einfach zurücknehmen zu können und die Machtposition aufzugeben, verspürte ich als sehr positiv. Gemeinsame Projekte und Aufgaben habe ich leider keine erleben dürfen, in dem eine Mitbeteiligung der Kinder vorhanden war.

4. Welche Erkenntnisse ziehe ich daraus für meine konkrete Praxis und für meine Rolle als Erzieherin

4.1 Partizipation ist ein Thema für jede Generation

Ich habe schon während meines Praktikums bemerkt, dass sich viele Punkte der Hortarbeit mit meinem momentanen Aufgabenfeld ähneln. Themen wie z.B. respektvoller und wertschätzender Umgang miteinander, jederzeit ansprechbar zu sein oder auch die Mitgestaltung und Einbindung der Jugendlichen in die pädagogische Arbeit. Ohne eine entsprechende Haltung der beteiligten Erzieher ist die Partizipation nicht möglich, unabhängig von der Altersstruktur und der Einrichtung. In jedem Bereich müssen Raum und Möglichkeit für die Heranwachsenden geschaffen werden, sich selbst zu entfalten und aktiv am Geschehen mitzuwirken, sei es in einer Kinderkonferenz, oder in einem Jugendrat. Mit zunehmendem Alter sind die Jugendlichen selbstbewusster und selbstbestimmter. Frei zu äußern, was sie möchten, fällt ihnen ohne Anleitung leichter, als vielleicht den Jüngeren.

Trotz allem spiegelt sich wieder, dass Partizipation immer einen bestimmten vorgegebenen Rahmen benötigt. Jedes Alter braucht seine Impulse, Möglichkeiten und auch seine Grenzen. Kinder und Jugendliche müssen lernen, einen Konflikt zu erkennen, ihn zu akzeptieren, ihn auszuhalten und eine Lösung zu finden. Ergebnisse hervorzubringen, sei es z.B. mit einem selbst erstellten Regelwerk oder einer organisierten Ferienfahrt, ermutigt sie für ihre Belange einzutreten. Es ist schön zu sehen, dass in der Hortarbeit das Thema Mitbeteiligung einen hohen Stellenwert hat. Diese stellt für mich einen der wichtigsten Grundelemente der pädagogischen Arbeit mit Kindern und Jugendlichen dar. Zugleich ist eine wiederkehrende Reflektion von Meinungen und Ansichten unerlässlich. Ein wichtiges Ziel der pädagogischen Arbeit ist es, dass sich die Heranwachsenden zu eigenständigen und selbstsicheren Menschen entwickeln. Die erzieherische Aufgabe ist es, sie dabei zu begleiten und zu unterstützen. Wie dieses umzusetzen ist, variiert je Einrichtung und ist abhängig vom Alter der Klientel. Allerdings ist es interessant zu sehen, wie sehr sich die Umsetzung der pädagogischen Ansätze trotz des Altersunterschiedes ähneln.

Ein nicht unerheblicher Punkt hierbei ist sicherlich auch der Aspekt der Freiwilligkeit. Es ist ein Unterschied, ob die Kinder/Jugendlichen in ihrer Freizeit aus freien Stücken zu uns kommen, oder ob ein Betreuungscharakter wie im Hort dahinter steht.

Im Gegensatz zum Kinderhort finden im Jugendzentrum auch immer die angeleiteten Angebote großen Zuspruch, werden sogar teilweise von den Jugendlichen über den Jugendrat gewünscht und „eingefordert". Egal ob es sich um Sport-, Koch- oder Ausflugsangebote handelt. Es ist deutlich zu merken, dass betreute Handlungen dieser Art familiär bei diesen Jugendlichen oft zu kurz kommen. Viele der Besucher erscheinen gerade deswegen im Jugendzentrum, weil ihnen dieses fehlt. Im Gegensatz zu den Hortkindern wünschen sich diese Heranwachsenden angeleitete Aktionen.

Es war mir möglich, eine Hospitation in einem „Spielpark" mit Kindern der gleichen Altersstufe wie die Hortkinder im x zu absolvieren. Das Kommen dieser Kinder beruht auf Freiwilligkeit, nicht wie im Hort auf Notwendigkeit und Wunsch der Eltern. Meiner Meinung nach waren diese Kinder durch die freiwillige Anwesenheit weit offener und interessierter für angeleitete Angebote als die Hortkinder.

4.2 Fazit

Wenn ich reflektiere, so sehe ich das zweiwöchige Praktikum als Bereicherung an. Es hat mir gezeigt, dass das Arbeiten mit Kindern und auch Jugendlichen ein ständiger Lernprozess ist. Neue Gegebenheiten beinhalten immer wieder neue Herausforderungen. Es ist deutlich zu merken, dass die gesellschaftlichen Veränderungen nicht ohne Einfluss bleiben. Sei es eine Terminüberflutung mancher Kinder oder eine Vereinsamung im eigenen Familienfeld. Die Ziele und ebenso die Angebotsstruktur von pädagogischen Einrichtungen müssen dementsprechend reflektiert, überarbeitet und angepasst werden.

Letztendlich kann ich sagen, dass ich das Arbeiten mit Kindern im Grundschulalter sehr interessant fand. Mich auf die Bedürfnisse einer neuen Altersstufe einzulassen und mich in die Kinder hineinzuversetzen war eine neue Herausforderung, ebenso wie das Arbeiten in einer neuen Teamstruktur. Allerdings denke ich, dass die Arbeitsweise von Einrichtung zu Einrichtung variiert. Für die kommenden zwei Jahre habe ich mir vorgenommen, weitere hausinterne Hospitationen im Kita-Bereich zu absolvieren.

BEI GRIN MACHT SICH IHR WISSEN BEZAHLT

- Wir veröffentlichen Ihre Hausarbeit, Bachelor- und Masterarbeit

- Ihr eigenes eBook und Buch - weltweit in allen wichtigen Shops

- Verdienen Sie an jedem Verkauf

Jetzt bei www.GRIN.com hochladen und kostenlos publizieren